D1752219

Agenda Perpétuel d'Alsace

Illustré par
Michèle Delsaute
Victor Lhuer

Photos de
Jacques Schlienger

ÉQUINOXE

La cathédrale
de Strasbourg.

Décembre

Saints Innocents
28

St David
29

St Roger
30

St Sylvestre
31

Janvier

Jour de l'An
1

St Basile
2

Oberseebach, Victor Lhuer, 1895.

Janvier

Ste Geneviève
3

St Odilon
4

St Édouard
5

St Mélaine
6

St Raymond
7

St Lucien
8

Riquewihr.

Janvier

Ste Alix
9

St Guillaume
10

St Paulin
11

Ste Tatiana
12

Ste Yvette
13

Ste Nina
14

Château du Haut-Koenigsbourg

Après-midi d'aquarelle
au Haut-Koenigsbourg.

Michèle Delsaute

janvier

St Rémi
15

St Marcel
16

Ste Roseline & St Antoine
17

> « *Qui comprend invente.* »
> Louis Scutenaire

Ste Prisca
18

St Marius
19

Sts Fabien & Sébastien
20

Wissembourg,
détail du cloître gothique
de l'église Saint-Pierre et
Saint-Paul.

Janvier

St Agnès
21

St Vincent
22

St Barnard
23

St François de Sales
24

Conversion de St Paul
25

> « L'oiseau s'en va, la feuille tombe
> L'amour s'éteint, car c'est l'hiver.
> Petit oiseau, viens sur ma tombe
> Chanter, quand l'arbre sera vert. »
>
> — Théophile Gautier

Ste Paule, Sts Timothée et Tite
26

Meistratzeim,
Victor Lhuer.

Janvier

Ste Angèle
27

St Thomas d'Aquin
28

St Gildas
29

Ste Martine
30

Ste Marcelle et St Jean Bosco
31

Février

Ste Ella
1

Colmar.

Février

Présentation
2

St Blaise
3

Ste Véronique
4

Ste Agathe
5

St Gaston
6

Ste Eugénie
7

> « La fleur est le regard riant de la ruine. »
>
> Pierre-Jean Jouve

Février

Ste Jacqueline
8

Ste Apolline
9

St Arnaud & Ste Scholastique
10

Notre-Dame de Lourdes. Journée des malades
11

St Félix
12

Ste Béatrice
13

Ribeauvillé.

Février

St Valentin, Sts Cyrille & Méthode
14

St Claude
15

Ste Julienne
16

St Alexis
17

Ste Bernadette
18

« *La beauté rend toujours la vertu plus aimable.* »

Virgile

St Gabin
19

Mietesheim,
Victor Lhuer.

Février

Ste Aimée
20

St Pierre Damien
21

Ste Isabelle. Chaire de St-Pierre
22

St Lazare & St Polycarpe
23

St Modeste
24

St Roméo
25

Colmar, maison « Zum Kragen », 1419.

St Nestor
26

Février

Ste Honorine
27

St Romain
28

St Auguste
29

« Un épi, c'est à la fois la chose la plus naturelle et la chance la plus impossible. »
Jean-Paul Sartre

St Aubin
1

Mars

St Charles le Bon
2

St Guénolé
3

St Casimir
4

St Olive
5

Ste Colette
6

Stes Félicité & Perpétue
7

St Jean de Dieu
8

> « *La beauté n'est que la promesse du bonheur.* »
> Stendhal

Mars

Colmar, la petite Venise.

Mars

Ste Françoise Romaine
9

St Vivien
10

Ste Rosine
11

Ste Justine
12

St Rodrigue
13

Ste Mathilde
14

Krautergersheim,
Victor Lhuer.

Mars

Ste Louise
15

Ste Bénédicte
16

St Patrice
17

St Cyrille de Jérusalem
18

St Joseph
19

« Qui n'a cru respirer,
   dans la fleur renaissante,
Les parfums regrettés
   de ses premiers printemps. »

Marceline Desbordes-Valmore

Dambach et la plaine d'Alsace.

> « Voici venir les temps où, vibrant sur sa tige,
> Chaque fleur s'évapore ainsi qu'un encensoir. »
>
> Charles Baudelaire

Mars

St Herbert — Équinoxe de Printemps
20

Ste Clémence
21

Ste Léa
22

St Victorien
23

Ste Catherine de Suède
24

St Humbert
25

Mars

Ste Larissa — 26

St Habib — 27

St Gontran — 28

Ste Gwladys — 29

St Amédée — 30

St Benjamin — 31

Colmar, la petite Venise.

St Hugues
1

Ste Sandrine
2

St Richard
3

St Isidore
4

St Irène
5

St Marcellin
6

> « Les belles choses
> N'ont qu'un printemps,
> Semons de roses,
> Les pas du temps. »
>
> Gérard de Nerval

Metzeral,
Victor Lhuer, 1903.

Avril

St Jean-Baptiste de la Salle
7

Ste Julie. Annonciation
8

St Gautier
9

St Fulbert
10

St Stanislas
11

St Jules
12

> « L'iris dort, roulé en cornet sous une triple soie verdâtre. »
>
> Colette

La Tour des sorcières de Châtenois.

Avril

Ste Ida
13

St Maxime
14

St Paterne
15

St Benoît-Joseph
16

St Anicet
17

St Parfait
18

Lys martagon, sainfoin, coquelicot, sauge des prés.

Avril

Ste Emma
19

Ste Odette
20

St Anselme
21

St Alexandre
22

St Georges
23

St Fidèle
24

Strasbourg, la petite France.

Avril

St Marc
25

St Alida
26

Ste Zita
27

Ste Valérie
28

« Le dessin, c'est la sensation. »
Pierre Bonnard

Ste Catherine de Sienne
29

St Robert
30

Mietesheim,
Victor Lhuer, 1903.

Mai

Fête du travail
1

St Boris & St Athanase
2

Sts Philippe & Jacques
3

St Sylvain
4

Ste Judith
5

Ste Prudence
6

Chapelle de Saint-Denis à Wolxheim.

Mai

Ste Gisèle
7

Fête de la Victoire 1945
8

« *Voir, c'est concevoir.
Et concevoir,
c'est composer.* »

Paul Cézanne

St Pacôme
9

Ste Solange
10

Ste Estelle
11

St Achille
12

subtil arc-en-ciel de façades, village enfantin, maisons de poupées

Sous les écailles des tuiles aux nuances infinies se déroule le

dont l'histoire reste imprimée dans le secret miroir de l'eau.

Colmar, maisons à Colombages. — Michèle Delsaute

Mai

Ste Rolande
13

St Matthias
14

Ste Denise
15

St Honoré
16

St Pascal
17

St Éric
18

« Chaque fleur est une âme à la Nature éclose. »

Gérard de Nerval

Dambach.

Mai

St Yves
19

St Bernardin
20

St Constantin
21

St Émile
22

« *La beauté est un mystère.* »
Edgar Degas

St Didier
23

St Donatien
24

Krautergersheim,
Victor Lhuer, 1902.

Mai

Ste Sophie
25

St Béranger & St Philippe Néri
26

St Augustin
27

St Germain
28

St Aymard
29

St Ferdinand
30

Obernai.

Visitation
31

Mai

St Justin
1

Ste Blandine
2

St Kévin
3

> « L'art est comme la prière, une main tendue dans l'obscurité, qui veut saisir une part de grâce pour se muer en une main qui donne. »
>
> Franz Kafka

Ste Clotilde
4

St Igor
5

Juin

St Norbert
6

St Gilbert
7

St Médard
8

Ste Diane
9

St Landry
10

St Barnabé
11

Kaysersberg.

Juin

St Guy
12

St Antoine de Padoue
13

St Élisée
14

Ste Germaine
15

St J-F. Régis
16

St Hervé
17

« J'avouerai de bonne foi que j'aime beaucoup mieux ce qui me touche que ce qui me surprend. »

F. Couperin

Oberseebach,
Victor Lhuer, 1903.

Ste Léonce
18

St Romuald
19

St Silvère
20

Juin

« Ô soleil, toi sans qui les choses
Ne seraient ce qu'elles sont. »

Edmond Rostand

Kientzheim.

Juin

St Rodolphe. Solstice d'Été. Fête de la Musique
21

St Alban
22

Ste Audrey
23

St Jean-Baptiste
24

St Prosper
25

St Anthelme
26

« Il n'est rien de parfait et de simple – de limité, d'harmonieux – comme un tableau accompli. On dirait une pensée. »

Jean Paulhan

Engweiler,
Victor Lhuer, 1904.

St Fernand
27

St Irénée
28

Sts Pierre & Paul
29

St Martial
30

« L'été, c'est la saison du feu
C'est l'air tiède et la fraîche aurore. »

Victor Hugo

St Thierry
1

Juin

Juillet

St Martinien
2

Colmar.

juillet

St Thomas
3

St Florent
4

St Antoine-Marie
5

Ste Mariette
6

St Raoul
7

St Thibaut
8

Andolsheim,
Victor Lhuer, 1903.

Juillet

Ste Amandine
9

St Ulrich
10

> « *Peindre n'est pas prendre sur la palette des couleurs variées, mais les faire naître de rien sur la toile complice.* »
>
> André Lhote

St Benoît
11

St Olivier
12

Sts Henri & Joël
13

Fête Nationale
14

Kientzheim.

Juillet

St Donald & St Bonaventure
15

N-D du Mont Carmel
16

Ste Charlotte
17

> « *Dans les lettres, comme en tout, le talent est un titre de responsabilité.* »
>
> Charles de Gaulle

St Frédéric
18

St Arsène
19

Ste Marina
20

Michèle Delsaute

Juillet

St Victor
21

Ste Marie-Madeleine
22

Ste Brigitte
23

Ste Christine
24

St Jacques
25

Sts Anne & Joachim
26

Bergheim.

Juillet

Ste Nathalie
27

St Samson
28

Ste Marthe
29

Ste Juliette
30

St Ignace de Loyola
31

Août

St Alphonse de Liguori
1

Schleital,
Victor Lhuer.

Août

St Julien Eymard & St Eusèbe de Verce
2

Ste Lydie
3

St J-M Vianney
4

St Abel
5

Transfiguration
6

St Gaëtan
7

Vignoble de Sigolsheim.

Août

St Dominique
8

St Amour
9

St Laurent
10

Ste Claire
11

Ste Clarisse
12

St Hippolyte
13

Août

St Evrard
14

Assomption
15

St Armel
16

St Hyacinthe
17

Ste Hélène
18

St Jean Eudes
19

Haut Barr.

Août

St Bernard
20

St Christophe
21

St Fabrice
22

Ste Rose de Lima
23

St Barthélemy
24

St Louis
25

Engwiller,
Victor Lhuer, 1910.

Août

Ste Natacha & St Césaire d'Arles
26

Ste Monique
27

St Augustin
28

Ste Sabine
29

St Fiacre
30

St Aristide
31

Mittel Bergheim.

Septembre

1 St Gilles

2 Ste Ingrid

3 St Grégoire le Grand

4 Ste Rosalie

5 Ste Raïssa

6 St Bertrand

Saverne,
Victor Lhuer, 1903.

Septembre

Ste Reine
7

Nativité de la Vierge
8

« De mémoire de rose,
on n'a jamais vu
de mort d'un jardinier. »

Fontenelle

St Alain
9

Ste Inès
10

St Adelphe
11

St Apollinaire
12

Château du Haut-Koenigsbourg.

Septembre

St Aimé & St Jean Chrysostome
13

La Sainte Croix
14

St Roland, N.-D. des Douleurs
15

Ste Édith, St Corneille & St Cyprien
16

St Renaud
17

Ste Nadège
18

Geipolsheim,
Victor Lhuer, 1918.

Septembre

Ste Émilie
19

St Davy & Sts Martyrs de Corée
20

St Matthieu
21

St Maurice
22

« L'émotion ne s'ajoute ni ne s'imite.
Elle est le germe, l'œuvre est l'éclosion. »

Georges Braque

Zellenberg.

Septembre

23 St Constant. Équinoxe d'Automne

24 Ste Thècle

25 St Hermann

26 Sts Côme & Damien

27 St Vincent de Paul

« *Arrête-toi instant, tu es si beau.* »
Goethe

28 St Venceslas

Septembre

Sts Archanges Michel, Gabriel & Raphaël
29

St Jérôme
30

> « *Puis quand vient l'automne brumeuse,*
> *Il se tait… avant les temps froids.*
> *Hélàs ! Quelle doit être heureuse*
> *La mort de l'Oiseau – dans les bois.* »
>
> Gérard de Nerval

Octobre

Ste Thérèse de l'Enfant Jésus
1

St Léger. Sts Anges gardiens
2

St Gérard
3

St François d'Assise
4

Kintzheim.

Octobre

Ste Fleur
5

St Bruno
6

St Serge, N-D du Rosaire
7

Ste Pélagie
8

St Denis
9

St Ghislain
10

Octobre

St Firmin
11

St Wilfried
12

St Géraud
13

St Juste
14

LES FLEURS
— Fera-t-il soleil aujourd'hui ?
LE TOURNESOL
— Oui, si je veux.

Jules Renard

Ste Thérèse d'Avila
15

Ste Edwige
16

Obernai, décoration de façade.

Octobre

St Baudouin & St Ignace d'Antioche
17

St Luc
18

St René
19

Ste Adeline
20

Ste Céline
21

Ste Élodie
22

« Bientôt nous plongerons dans les froides ténèbres ;
Adieu, vive clarté de nos étés trop courts !
J'entends déjà tomber avec des chocs funèbres
Le bois retentissant sur le pavé du cours. »

Charles Baudelaire

Michèle Delsaute

Octobre

St Jean de Capistran
23

St Florentin
24

St Crépin
25

St Dimitri
26

Ste Émeline
27

Sts Simon & Jude
28

La cathédrale de Strasbourg.

Octobre

St Narcisse
29

Ste Bienvenue
30

St Quentin
31

« *Tous les gestes engagent ;
surtout les gestes généreux.* »

Roger Martin du Gard

Novembre

Toussaint
1

Défunts
2

St Hubert
3

HANSI

POTASSE
D'ALSACE

Novembre

St Charles Borromée
4

Ste Sylvie
5

Ste Bertille
6

Ste Carine
7

St Geoffroy
8

St Théodore
9

Ungersheim.

Novembre

St Léon le Grand
10

St Martin de Tours. Armistice 1918
11

St Christian & St Josaphat
12

St Brice
13

St Sidoine
14

St Albert le Grand
15

Novembre

Ste Marguerite d'Écosse
16

Ste Élisabeth de Hongrie
17

Ste Aude
18

St Tanguy
19

St Edmond
20

Présentation de la Vierge
21

Strasbourg, maison Kammerzell.

Novembre

Ste Cécile
22

St Clément
23

Ste Flora & St André Dung-Lac
24

Ste Catherine Labouré
25

Ste Delphine
26

St Séverin
27

Novembre

St Jacques de la Marche
28

St Saturnin
29

St André
30

« *Regardez cette lumière dans les oliviers, ça brille comme du diamant.* »

Auguste Renoir

Décembre

Ste Florence
1

Ste Viviane
2

St François Xavier
3

Andlau, église Saint-André.

Décembre

Ste Barbara
4

St Gérald
5

St Nicolas
6

St Ambroise
7

Immaculée Conception
8

« Aucune nature n'est inférieure à l'art, car les arts ne sont que des imitations de la nature. »

Marc-Aurèle

St Pierre Fourier
9

Assiette d'Obernai,
signée Henri Loux.

St Romaric
10

Décembre

St Daniel
11

« Le signe des mouchoirs
qui se perd dans les nuages
Aux ailes des oiseaux
fait ressembler le lin. »

Robert Desnos

Ste Jeanne-Françoise de Chantal
12

Ste Lucie
13

Ste Odile & St Jean de la Croix
14

Ste Ninon
15

Marché de Noël à Strasbourg, devant la cathédrale.

Décembre

Ste Alice
16

St Gaël
17

St Gatien
18

St Urbain
19

Sts Abraham, Isaac & Jacob. St Théophile
20

St Pierre Canisius
21

« En décembre, en couvrant le sol, la neige donne le goût du blanc. »

<u>Alexandre Vialatte</u>

Jouet traditionnel alsacien.

Décembre

Ste Françoise-Xavière, Solstice d'Hiver
22

St Armand
23

Ste Adèle
24

Noël
25

St Étienne
26

St Jean
27

Eubersmunster.

Décembre

Saints Innocents
28

St David
29

St Roger
30

St Sylvestre
31

Janvier

Jour de l'An
1

St Basile
2

Note de l'éditeur

Les costumes alsaciens reproduits dans ce livre sont de la main de
Victor Lhuer (Bucarest 1876-Paris 1951),
qui a déjà réalisé un travail considérable sur le costume breton (plus de 120 planches)
et le costume auvergnat et bourbonnais réédité par nos éditions en 2001.
Ces planches totalement inédites, constituent le début d'un travail plus important, resté inachevé.

© Éditions ÉQUINOXE, mai 2009
La Massane
Les Joncades Basses
13210 Saint-Remy-de-Provence
www.editions-equinoxe.com

ISBN n° 978-2-84135-663-8

Achevé d'imprimer en mai 2009
sur les presses de l'imprimerie
Grafiche Zanini à Bologne, en Italie.

Photogravure Quadriscan, à La Brillanne,
dans les Alpes-de-Haute-Provence.

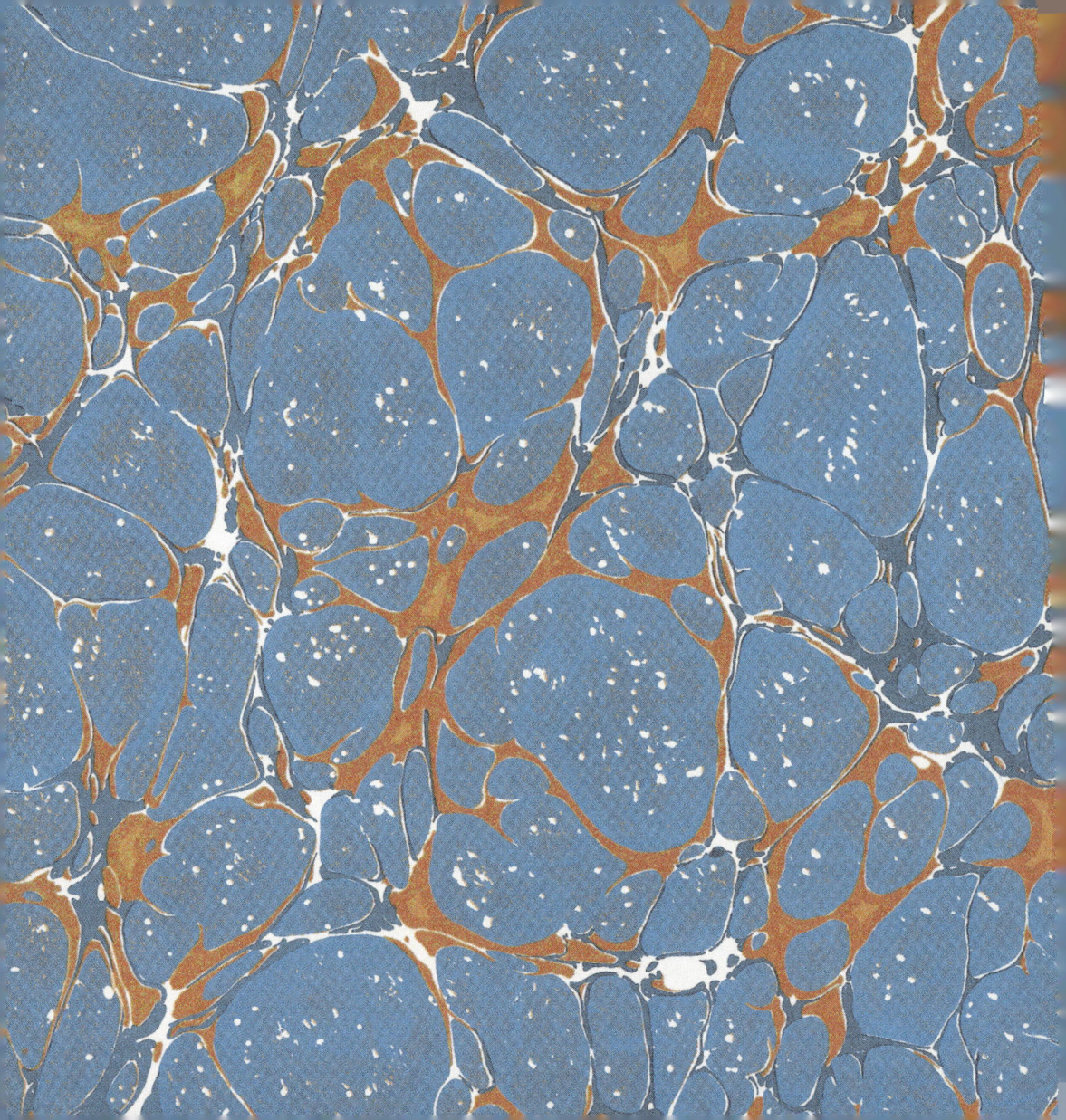